구름 과학자 루크 하워드와 날씨 과학 이야기

구름 박사님~ 날씨 일기 쓰세요?

지은이 줄리 해너 딸 조앤 홀럽과 이 책을 함께 쓰며 많은 걸 배우고 느꼈어요. 학교에 찾아가 이 책 《구름 박사님~ 날씨 일기 쓰세요?》와 관련된 이야기를 들려주는 일도 하고 있지요. 기상학자를 꿈꾸는 어린이들을 만나는 일이 무척 보람 있어요.

지은이 조앤 홀럽 어머니 줄리 해너와 함께 이 책을 썼어요. 미국 텍사스에서 미술대학을 졸업했고, 한동안 디자인 회사의 예술 감독으로 일했어요. 1992년 첫 책을 낸 이후 지금까지 130여 권의 책을 펴냈어요. 직접 그림을 그린 책도 있고, 글만 쓴 책도 있지요. 우리나라에는 《마르코 폴로 – 서양에 동양을 알린 베네치아의 상인》이 소개되었어요.

그린이 페이지 빌린-프라이 어린이책과 잡지에 그림을 그리고 있어요. 그림을 그릴 때는 우리 주변의 실제 장소나 벌어진 일에서 영감을 얻곤 해요. 아이들의 방이나 이웃집, 그리고 놀이터 같은 곳에서요. 삶의 여러 모습들을 그림으로 표현할 수 있다는 게 화가란 직업의 가장 멋진 점이라고 생각해요.

옮긴이 이수영 진실한 책 한 권이 가진 힘을 믿는 번역가예요. 때로는 한 권의 책으로 삶이 바뀌기도 하지요. 한 줄의 글귀가 부모님이나 선생님의 여러 말씀보다 가슴 깊이 파고들기도 하고요. 어린 독자들에게 그런 글로 기억될 수 있는 책을 만나는 건 옮긴이에게도 기쁘고 소중한 경험이에요. 《거위 아빠》《내 동생 눈송이 아저씨》《어린이를 위한 불편한 진실》《크리스마스가 가져다준 평화》등을 우리말로 옮겼고, 이누잇 옛이야기를 모아 《빛을 훔쳐 온 까마귀》를 썼어요.

감수 허창회 대학과 대학원에서 대기 과학을 공부하고, 이학박사 학위를 받았어요. 1994년부터 1997년까지 미국 항공우주국에서 기후 변화를 연구했고, 지금은 서울대학교 지구환경과학부에서 학생들을 가르치고 있어요. 어린이들에게 대기 과학을 쉽고 재미있게 알려주고자 《지구의 마법사 공기》《날씨를 바꾸는 요술쟁이 바람》《찌푸린 지구의 얼굴 지구 온난화의 비밀》등의 책을 펴냈어요.

THE MAN WHO NAMED THE CLOUDS
Copyright ⓒ 2006 by Julie Hannah and Joan Holub, Illustrated by Paige Billin-Frye
First published by Albert Whitman. All rights reserved.
This Korean edition was published by Bomnamu Publishers, an imprint of Hansmedia Inc. in 2011 by arrangement with Albert Whitman & Company through KCC(Korea Copyright Center Inc.), Seoul.
이 책은 (주)한국저작권센터(KCC)를 통한 저작권자와의 독점 계약으로 도서출판 봄나무(한즈미디어(주))에서 출간되었습니다.
저작권법에 의해 한국 내에서 보호를 받는 저작물이므로 무단 전재와 복제를 금합니다.

구름 박사님~ 날씨 일기 쓰세요?

줄리 해너 · 조앤 홀럽 지음 | 페이지 빌린-프라이 그림 | 이수영 옮김 | 허창회 감수

2011년 7월 30일 초판 발행 | 2025년 1월 22일 12쇄발행
펴낸이 김기옥 **펴낸곳** 봄나무
편집디자인 최미영 **영업팀장** 김선주 **제작** 김형식 **지원** 고광현
등록 제313-2004-50호(2004년 2월 25일) **주소** 121-839 서울시 마포구 양화로 11길 13(서교동, 강원빌딩 5층)
전화 (02) 325-6694 **팩스** (02) 707-0198 **이메일** info@hansmedia.com

도서주문 한즈미디어(주)
주소 121-839 서울시 마포구 양화로 11길 13(서교동, 강원빌딩 5층)
전화 (02) 707-0337 **팩스** (02) 707-0198

ISBN 978-89-92026-74-1 73450

- 이 책 내용의 일부 또는 전부를 재사용하려면 반드시 저작권자와 봄나무 양측의 동의를 얻어야 합니다.
- 책값은 뒤표지에 나와 있습니다.

사진 및 그림 자료 제공
7쪽 : 루크 하워드 초상화. 영국 리딩에 있는 왕립기상학회의 허락을 받아 실었습니다.
26쪽 : 몽골피에 열기구 동판화. 미국 스미소니언협회 항공우주박물관(SI 89-15688)
3, 31, 47, 48쪽 : 루크 하워드가 그린 그림들. 영국 런던에 있는 과학박물관, 과학 · 사회 그림도서관
56~62쪽 : 구름 사진들. Copyright ⓒ 2000 by 키스 G. 딤. 작가의 허락을 받아 실었습니다.

구름 과학자 루크 하워드와 날씨 과학 이야기

구름 박사님~ 날씨 일기 쓰세요?

줄리 해너 · 조앤 홀럽 지음 | 페이지 빌린-프라이 그림
이수영 옮김 | 허창회 감수

추천하는 글

여러분도 날씨 일기를 써 보세요!

구름은 하늘에 떠 있는 작은 물방울이나 얼음 알갱이가 모여서 만들어져요. 만들어진 곳이나 높이, 그리고 날씨에 따라 그 모양이 다르지요. 어떤 구름은 하얗게 빛나고, 어떤 구름은 검은색을 띠어요. 하늘 높이 솟아올라서 비를 내리고, 무시무시한 천둥과 번개를 치는 구름도 있어요.

옛날에는 날씨 변화를 체계적으로 관측하지 못하고, 예측 기술도 충분히 발달하지 못했어요. 그래서 구름의 형태나 모양을 보고 날씨를 대략 헤아렸지요. 밤에 달무리를 봤다면 다음 날에는 비가 내린다든가, 아침에 안개가 끼면 오후에는 날이 좋아진다든가 하는 식으로요. 이런 날씨 이야기는 오랜 속담을 통해 표현되기도 하는데, 어느 정도 과학적인 사실에 근거하고 있는 이야기예요.

요즘에는 인공위성과 레이더로 지구 전체에 떠 있는 구름을 관측할 수 있어요. 기상 예보관은 구름 자료와 슈퍼컴퓨터를 이용해 전 세계의 날씨를 하루에도 몇 차례씩 예측하고 있어요.

    이처럼 예나 지금이나 구름은 날씨를 예측하는 데 아주 중요한 역할을 해요. 이런 구름에 이름을 붙인 사람이 루크 하워드예요. 이 책에서 소개하듯 영국인 루크 하워드는 구름을 분류해 체계화했어요. 많은 사람이 무심코 지나치는 자연의 변화를 자세히 기록했고 마침내 구름에 이름을 붙여 주었지요. 구름을 사랑한 과학자, 루크 하워드 덕분에 날씨를 보다 정확하게 예측할 수 있게 됐어요.

    이 책을 읽는 여러분도 루크 하워드처럼 자연의 변화를 자세히 관찰하고 기록해 보면 어떨까요? 자기가 좋아하는 일을 꾸준히, 재미있게 하다 보면 언젠가 루크 하워드와 같은 훌륭한 과학자가 되어 있을지도 모른답니다!

— 2011년 7월,

허창회(서울대학교 지구환경과학부 교수)

함께 책을 쓰면서
많은 걸 가르쳐 준 내 딸, 조앤에게
— 줄리 해너

우디 데이비스와 캐럴 데이비스에게
— 조앤 홀럽

다이앤에게
— 페이지 빌린-프라이

꿈을 꾸듯 생각에 깊이 빠진 사람을 보면 '구름 속을 둥둥 떠다닌다.'라고 말해요. 공상에만 빠져 있다고 말이에요. 하지만 그 공상 덕분에 큰일을 이룰 수도 있답니다. 어렸을 때 루크 하워드는 날씨가 왜 생기는지 몹시 궁금했어요. 구름은 어떤 걸까, 요모조모 상상해 보고요. 그러다가 재미 삼아 날씨와 구름을 관찰하기 시작했어요. 깊이 생각하고 관찰했지요. 어른이 되어서 루크 하워드는 처음으로 구름에 짜임새 있는 이름을 붙였어요.

루크 하워드는 1772년 11월 28일에 영국 런던에서 태어났어요. 어렸을 때 하늘을 보니 구름 생김새가 저마다 달랐어요. 새털 같은 구름이 높이 떠 있었어요. 꼭대기는 솜사탕처럼 부풀고 밑바닥은 평평한 구름도 보였고요. 어떤 구름은 잿빛 담요랑 비슷했어요.

루크가 구름에 깊이 빠져든 건 열 살 때였어요. 그때부터 루크는 꼬박꼬박 날씨 일기를 써서 하늘이 바뀌는 모습을 적어 갔어요.

루크에게는 남동생이 셋, 여동생이 하나, 형이 셋 있었어요. 아이들은 철공소에서 부모님의 일을 도왔어요. 아버지는 아이들이 게으르면 안 된다고 생각하셨어요. 부지런히 일하며 공부하라고 가르치셨죠.

　루크가 어렸을 때 과학과 자연을 연구하는 사람들이 많이 있었어요. 금속과 화학을 공부하면 새로운 물건이나 약을 만드는 데 도움이 됐거든요.

　루크 말고도 날씨에 호기심을 가진 이들이 많았어요. 날씨 일기를 쓰면서 구름과 비와 안개가 왜 생기는지 알아내려고 했지요. 어떤 사람은 구름이 공기 방울로 이루어져 있고 햇빛을 받아서 하늘에 떠 있는 거라고 주장했어요.

우리도 이렇게 해 보면 어떨까?
루크처럼 날씨 일기를 써 보는 거야.
날씨 일기를 쓰면, 자연의 변화를 느낄 수 있고
과학과도 더 친해질 거야. 스스로 관찰하고 생각하는
연습도 할 수 있어. 기회가 있으면 과학 경진 대회에
날씨 일기를 내 봐도 좋겠지? 날씨 일기에는 날짜와
시간을 표시하고, 기온이나 바깥 날씨, 그 밖에 기억에
남는 날씨 변화를 적으면 돼. 우리나라에서는
기온을 섭씨온도계로 재. 미국은 화씨온도(℉)를
쓰지만, 다른 나라들은 대부분 우리처럼
섭씨온도(℃)를 써.

나의 날씨 일기

9월 25일, 오전 9:15

기온: 23.9℃ 또는 75°F

오늘의 날씨: 흐림

오늘은 구름이 껴서 날이 잔뜩 흐렸어.
그런데…… **구름은 어떻게 생길까?**

1. 해가 땅을 데운다.
2. 바다, 연못, 호수, 강 수면에서 물이 증발한다.

    증발이란 액체가 기체로 변하는 걸 말한다.

    따뜻해진 물이 증발하여 수증기로 변한다.

    액체인 물이 기체로 바뀐 것이 수증기이다.

3. 따뜻한 수증기가 떠오른다.
4. 수증기가 높은 곳으로 올라가서 차가워지면 응결되어 작은 물방울로 변한다.

    응결이란 기체가 액체로 바뀌는 걸 뜻한다.

5. 하늘에 떠 있는 이 물방울들이 한데 모여서 구름을 이룬다.

1700년대에는 날씨가 왜 변하는지 알지 못했어요. 뱃사람과 농부는 자연의 변화를 느껴 비바람이 닥쳐올 것인지 알아냈어요.

　건조하고 맑은 날에는 솔방울 비늘이 밖으로 벌어져요. 만약 비늘이 닫혀 있다면 곧 비가 내린다는 뜻이에요. 날씨를 짐작하게 해 주는 노래도 있었어요.

　　붉은 밤하늘은 뱃사람의 기쁨
　　붉은 아침 하늘은 뱃사람의 걱정거리

　뱃사람들은 붉은 저녁노을을 반가워해요. 그건 서쪽(해가 지는 곳) 공기가 건조하다는 뜻이거든요. 바람은 흔히 서쪽에서 동쪽으로 움직이면서 날씨를 바꾸어 놓지요. 그러니까 서쪽에서 곧 건조한 바람이 불어와 하늘이 맑을 거라고 짐작할 수 있어요.

　반대로 해가 뜨는 하늘이 붉은빛을 띠면, 건조한 공기가 서쪽에서 동쪽(해가 뜨는 곳)으로 벌써 옮겨 갔다는 뜻이에요. 그러니까 서쪽에서 구름이나 비, 또는 폭풍우가 다가올지도 몰라요.

사람들은 구름 생김새를 말꼬리나 물고기 비늘에 빗대어 말했어요.
세찬 비바람이 불 때는 말꼬리처럼 가닥가닥 갈라진 구름이 생겨났어요.

암말 꼬리는 비바람과
돌풍을 몰고 온다네.

고등어 비늘처럼 생긴 구름이 보인 뒤에는 소나기가 내렸다 그치고,
또 내렸다 그쳤어요.

고등어가 걸린 하늘,
소나기가 오락가락.

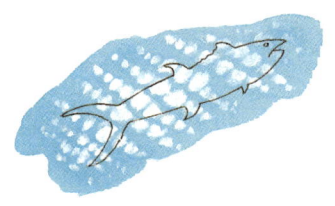

나의 날씨 일기

10월 23일, 오전 9:35

기온: 20°C 또는 68°F

오늘의 날씨: 안개

오늘은 안개를 헤치며 학교에 갔다!
안개는 땅 가까이에 낀 구름이다.
안개가 생겨나는 이유는 구름이 생기는 이유와 똑같은데, 딱 한 가지가 다르다.
안개는 높은 하늘이 아닌 땅 위에 생겨난다.
안개는 공기가 구름을 만들 때처럼 하늘로 떠오르지 못해서 생긴다.
떠오르지 못한 공기가 땅 위를 지나며 차가워져서 물방울로 변할 수 있는데, 이때 안개가 발생한다.

안개가 구름에게 뭐라고 말했을까요?
구름아, 무서우면 이리 내려와.

루크 가족은 퀘이커라고 알려진 종교를 믿었어요. 퀘이커 신도들은 영국의 중심 교회인 영국 국교회를 따르지 않았어요. 영국 국교회 사람들이 다니는 학교도 가면 안 됐어요. 루크는 여덟 살 때, 남동생 윌리엄과 함께 영국 버포드에 있는 퀘이커 기숙 학교에 들어갔어요. 두 형제는 한 해동안 학교에서 살다가 여름 방학 때만 잠깐 집에 왔어요.

선생님은 무척 엄하셨어요. 학생들이 잘 알아듣지 못하면 회초리로 때리셨지요. 다행히도 루크는 똑똑한 학생이었어요.

학교에서 루크는 라틴어 낱말을 외우고 또 외워야 했어요. 그때는 억지로 외웠지만, 세월이 흐른 뒤 라틴 말이 루크에게 큰 도움이 되었어요.

나의 날씨 일기

11월 15일, 오전 10:15

기온: 4.4°C 또는 40°F

오늘의 날씨: 비

오늘은 진흙탕에서 축구를 했다.
지겨운 비야, 그쳐라!
하늘에서 떨어지는 물은 어떤 것이든 강수라고 일컫는다.
그러니까 비, 눈, 우박 모두 강수이다.

빗방울이 여자친구에게 뭐라고 말했을까요?
너와 함께 내린다면 두렵지 않아.

그렇다면……

비는 어떻게 생길까?

1. 구름 속에는 작은 물방울들이 셀 수도 없이 많다. 처음에는 이 물방울들이 몹시 가벼워서 땅으로 떨어지지 않는다.
2. 물방울들에 작은 먼지, 소금, 또는 재가 달라붙기 시작한다.
3. 물방울 가운데 큰 물방울이 더 작은 물방울을 끌어당긴다.
4. 물방울이 커져서 공중에 떠 있지 못할 만큼 무거워진다.
5. 무거워진 물방울이 중력에 의해 아래로 떨어지는 것이 빗방울이다.
6. 물방울이 떨어지면서 작은 물방울을 끌어당겨 점점 더 무거워지고 커진다.

해 뜰 날도 올 거야!

　1783년 여름, 루크가 열 살 때였어요. 아이슬란드에서 화산이 폭발하여 많은 이들이 숨을 거두었어요. 화산재가 바람을 타고 유럽 대륙으로 날아들었어요. 화산재에 연기와 수증기가 뒤섞이자, 거무스름하고 고약한 냄새가 나는 안개로 변했어요. 이 안개가 몇 달 동안 영국을 뒤덮었어요. 루크는 밤에 달도 거의 보지 못하고, 낮에 해도 거의 보지 못했어요!

　먼지 가득한 하늘은 해가 뜰 때나 질 때나 불그죽죽하기만 했어요. 지저분한 공기

를 마신 사람들이 병에 걸렸고, 햇볕을 잘 쬐지 못한 식물들은 죽어 갔어요.

8월 18일 밤이었어요. 불덩어리 같은 별똥별이 하늘을 가로질러 날아갔어요! 루크와 많은 사람들 눈앞에서 벌어진 일이었지요. 사람들은 큰일이 생길까 봐 걱정했어요. 세상이 끝날 거라 여기기도 했어요. 하지만 그 해 늦가을에 하늘은 여느 때의 모습을 되찾았어요. 남달랐던 여름 날씨 덕분에 과학자들은 대기 연구에 더욱 힘을 쏟았어요. 루크도 날씨가 더욱 궁금해졌어요.

나의 날씨 일기

12월 18일, 오전 9:17

기온: 13.3℃ 또는 56℉

오늘의 날씨: 비

기상학자는 날씨가 생기게 하는 대기 변화를 연구하는 사람이다. TV에 나온 기상학자가 오늘 저기압이 만들어져 우리 동네에 비가 내린다고 했다. 기압은 땅 표면을 누르는 공기의 무게이다. 차가운 공기는 따뜻한 공기보다 무겁다. 그래서 차가운 공기는 땅 쪽으로 내려앉고 따뜻한 공기는 땅 위로 떠오른다. 차가운 공기는 가라앉으면서 땅 표면에 부딪히거나 땅 표면을 누른다. 그것을 고기압이 이루어졌다고 한다. 고기압일 때는 날씨가 건조하다. 반대로 따뜻한 공기가 떠오르면 땅 표면을 누르는 압력이 줄어든다. 그것을 저기압이 이루어졌다고 한다. 따뜻한 공기가 떠올라 차가워지면 비구름으로 변해서 비로 내린다. 비가 얼마나 많이 내렸는지 재는 기구가 우량계이다.

우량계는 어떻게 만들까?

준비물: 자, 투명 테이프,
       옆면이 바닥과 수직이고 기다랗게 생긴 유리컵.

할 일:

1. 자의 아래쪽 끝을 유리컵 안쪽 바닥 높이에 맞춰 세운다.
   자의 눈금이 바깥을 향하도록 유리컵 바깥에 자를 대고
   테이프로 단단히 붙인다.

2. 비가 오려고 할 때 유리컵을 밖에 내놓는다.
   시간과 날짜를 적어 둔다.

3. 이튿날 같은 시간에 컵에 담긴 빗물을 잰다.
   자의 눈금을 읽을 때는 눈의 높이를 물의 표면과 수평이 되도록 한다.
   물 높이에 와 있는 자의 눈금 숫자가 하루 동안의 강수량과 같다.

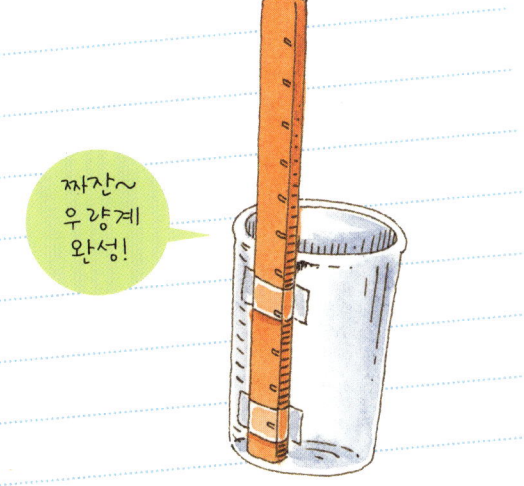

짜잔~ 우량계 완성!

1783년 9월 19일, 라 마르티알이라는 이름의 열기구가 날아올랐어요. 프랑스 말로 '용사'라는 뜻인 라 마르티알에는 오리, 양, 수탉이 한 마리씩 타고 있었어요. 프랑스 왕과 왕비를 비롯해서 13만 명이 넘는 사람들이 그 광경을 구경했어요.

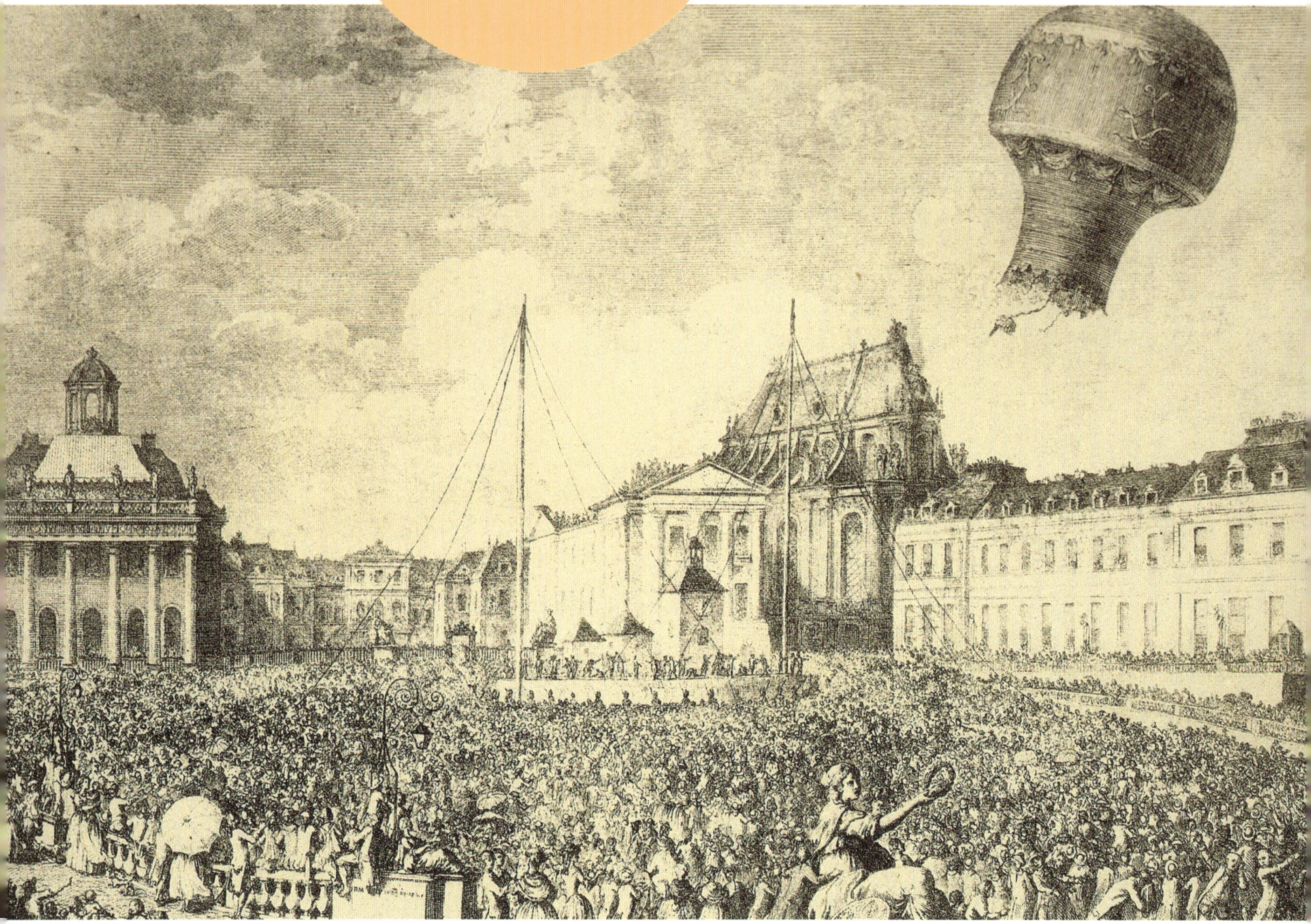

1783년에는 또 다른 큰일도 있었어요. 프랑스에서 자크 에티엔 몽골피에와 조제프 미셸 몽골피에라는 형제가 처음으로 크나큰 열기구를 띄운 거예요. 형제는 구름이 하늘에 떠 있으니까 열기구도 연기 구름을 가득 채우면 하늘로 떠오를 거라 생각했지요. 그러면 사람들이 열기구를 타고 높은 하늘을 날아서 멀리멀리 갈 수 있을 거라고요.

작은 기구로 실험을 거듭한 끝에 몽골피에 형제는 1783년 9월, 높이 17미터가 넘는 열기구를 띄웠어요. 색색의 면직물로 어여쁘게 꾸민 이 열기구는 프랑스 베르사유 궁정에서 날아올랐어요. 기구 밑에 달린 바구니에는 첫 번째 열기구 승객인 오리와 양과 수탉이 타고 있었어요!

같은 해 11월 21일에 장-프랑수아 필라트르 드 로지에라는 과학자와 아를랑데 후작이 열기구에 올라탔어요. 사람으로서는 처음으로 땅에 고정되지 않은 열기구를 탄 거예요. 몽골피에 형제가 만든 이 열기구는 높이가 21미터였어요. 천으로 만들었고 안에는 종이를 댄 열기구였지요. 로지에와 아를랑데는 기구에 밧줄로 연결된, 둥근 바구니 안에 앉았어요.

로지에와 아를랑데는 기구 밑의 쇠화덕에서 짚과 양털을 태웠어요. 연기가 기구 밑의 구멍을 지나 기구 속으로 피어오르며 기구를 띄웠어요.

몽골피에 형제는 검은 연기가 기구를 떠오르게 한다고 생각했지만, 그건 잘못 안 거였어요. 기구를 떠오르게 하는 건 열이에요. 더워진 공기는 점점 부풀면서 더 가벼워져요. 뜨겁고 가벼워진 공기가 기구를 채워서 날아가게 하죠. 필라트르와 아를랑데는 900미터가 넘게 떠올랐어요. 거의 1킬로미터에 가까운 높이죠! 두 사람은 25분 동안 프랑스 파리 하늘을 8킬로미터나 날아갔어요.

그 뒤로 유럽 사람들은 열기구를 띄우는 곳에 구름처럼 몰려들었어요. 루크도 커 갈수록 열기구 구경을 점점 더 좋아했어요. 비행기가 하늘을 날아다니게 된 때는 1900년대 초반이었어요. 그 전까지 대기를 연구하는 과학자들을 싣고 높이 날아오른 건 열기구뿐이었어요.

루크는 열다섯 살 때 학교를 마치고 집에 돌아왔어요. 다시 부모님과 함께 살았지요. 뜰에 나가 예전처럼 날씨를 연구할 수 있어 행복했어요.

　루크는 하루에 두 번, 날씨 일기를 써서 날씨 변화를 기록했어요. 온도계로 기온을 재고, 풍향계로 바람의 방향을 알아내고, 우량계로 빗물의 양을, 기압계로 땅의 표면에 닿는 대기 압력을 쟀어요.

　루크는 변함없이 구름에 관심이 많았어요. 구름 생김새는 저마다 달랐지요. 하지만 짜임새 있게 부르는 이름이 없어서, 날씨 일기에 정확히 적어 두기가 어려웠어요. 그래서 하는 수 없이 루크는 구름의 모습을 그림으로 그렸어요. 31쪽의 그림은 루크가 그린 그림이에요.

루크 아버지는 구름 관찰을 쓸데없는 짓이라 여겼어요. 아들이 장사를 배워서 좋은 일자리를 얻길 바랐지요. 그래서 루크가 집에 돌아온 지 몇 주 뒤에, 루크를 다른 퀘이커 신도의 약국으로 멀리 보냈어요. 약을 만들어 파는 약국에서 견습생으로 일하게 한 거예요.

루크는 일곱 해 내내 그곳 약국에서 일했어요. 날씨를 관찰할 시간이 없어서 마음이 언짢았어요.

마침내 집으로 돌아오고 나서도 루크는 또 다른 약국에서 몇 달 동안 일했어요. 그러다 어느 날 손을 심하게 베였어요. 몹시 독한 화학 약품이 담긴 유리병을 들고 있었는데, 그게 깨진 거예요. 손이 다 낫자 아버지는 루크에게 돈을 빌려 주면서 작은 약국을 열게 했어요.

나의 날씨 일기

1월 24일, 오전 9:15

기온: -5°C 또는 23°F

오늘의 날씨: 눈

윌슨 벤틀리라는 농부는 1865년에 버몬트에서 태어났다. 벤틀리는 눈을 무척 좋아했기 때문에 어른이 되어서 '눈송이 아저씨'라는 별명으로 불렸다. 벤틀리는 눈송이를 연구하고 눈송이 사진을 찍었다. 그런 일을 중요한 과학 연구라고 생각하는 이가 한 명도 없는 시절이었는데도!

눈사람이 아이스크림콘을 보고 뭐라고 말했을까요?
동생아! 거긴 어떻게 숨었니?

그렇다면…… 눈은 어떻게 생길까?

1. 물은 0°C 또는 32°F에서 언다.
 구름 속의 기온이 0°C 또는 32°F 아래면
 물방울이 작은 얼음 결정으로 바뀐다.
2. 작은 결정들이 서로 뭉친다.
3. 결정이 뭉쳐서 눈송이를 이룬다.
 얼음 결정 50개에서 100개가 모여서 눈송이 하나가 만들어진다.
 공기가 건조할수록 눈송이가 작다.

눈송이 관찰하기

1. 눈이 내릴 때, 까만 도화지 한 장과 돋보기를 갖고 밖으로 나간다.
2. 도화지를 평평하게 둔다.
3. 도화지에 눈송이 몇 개를 받는다.
4. 돋보기로 눈송이를 관찰한다. 녹기 전에 빨리!

　루크는 스물네 살 때 마리아벨라 엘리엇과 결혼했어요. 맏딸 메리가 이듬해에 태어났지요. 그즈음 루크는 플레이스토라는 영국 마을에서 커다란 약품 공장과 약국을 차려 일했어요. 루크는 식구들과 함께 플레이스토로 이사했어요. 플레이스토는 런던처럼 높은 건물이 많지 않았어요. 그래서 하늘을 맘껏 바라볼 수 있었어요.

   루크는 새집 2층의, 큰 창이 달린 방에서 날씨를 관찰했어요. 과학 책과 대기 조건을 재는 도구들이 책꽂이를 빼곡히 채웠어요. 루크로서는 남부러울 것이 없는 시절이었어요. 번듯한 일자리가 있고 과학 연구를 좋아하는 친구들을 사귀었으니까요. 루크는 어린 시절처럼 꾸준히 날씨를 연구했어요.

나의 날씨 일기

2월 18일, 오전 11:05

기온: 3.9°C 또는 39°F

오늘의 날씨: 흐림

날씨가 생겨나는 이유는 해가 땅을 데우기 때문이다. 더워진 땅이 땅 위의 공기, 그러니까 여러 대기층 중에서 낮은 쪽의 공기를 데운다. 따뜻해진 공기가 위로 떠오르면서 공기들 사이에 움직임이 생긴다. 이렇게 공기가 떠오르는 것을 **대류**라고 하는데, 대류 때문에 날씨 변화가 생긴다. 만약 일정한 성질을 가진 대기가 한데 오래 머물러 있으면, 그 지역의 날씨는 잘 변하지 않는다. 우리가 사는 대기층은 지구의 거의 모든 날씨 변화가 일어나는 층이다. 이 층을 **대류권**이라 한다. 대류권은 땅 표면부터 시작하는데, 적도에서는 그 높이가 18킬로미터까지 이른다. 하지만 북극과 남극에서 대류권의 높이는 8킬로미터에 지나지 않는다. 대류권 위는 **성층권**으로 날씨가 거의 변하지 않는다. 우리가 대류권에 살고 있어서 다행이다. 날씨가 변하지 않는다면 얼마나 따분할까!

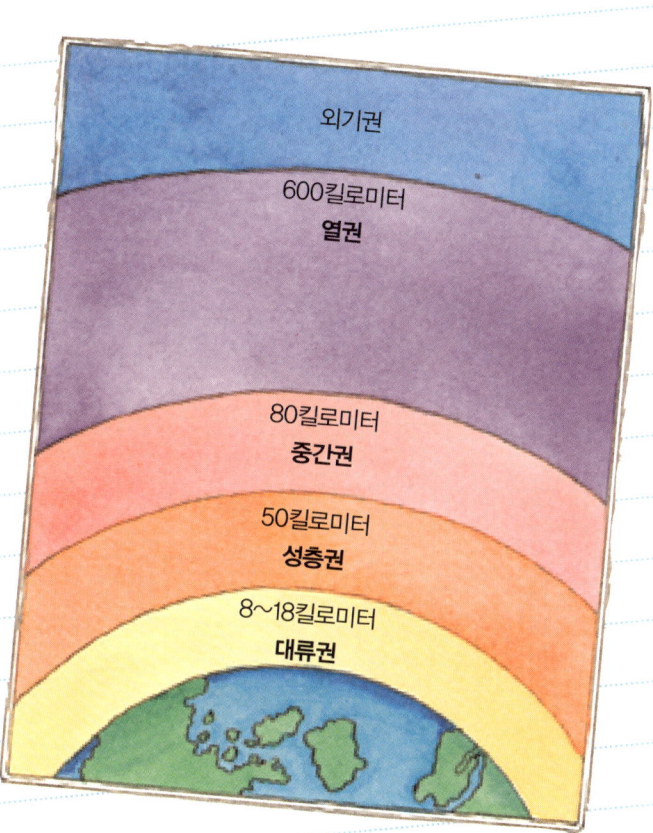

비 오는 땅을 맨발로 걷고 나서 할 일은?
발을 씻어야지!

루크는 좀 더 나은 방법으로 날씨를 연구하기로 마음먹었어요. 1796년에 아스케시안 협회 회원이 되었지요. 아스케시안이라는 낱말은 '생각 연습' 또는 '훈련'을 뜻하는 그리스 말에 뿌리를 두고 있어요.

협회 회원은 거의 모두 퀘이커 신도로 과학을 깊이 공부하고자 했지요. 회원들은 실험을 거듭하며 머리를 맞대고 날씨, 별자리, 전기, 그 밖에 여러 과학 분야의 문제들에 답을 찾아갔어요. 생각이 갖춰지면 글로 완성했어요. 그 글을 한 달에 두 번 열리는 협회 회의 때 회원들 앞에서 발표했어요. 회원이라면 누구나 모일 때마다 발표를 해야 했고, 아니면 벌금을 냈지요!

구름을 놓고 의논하는 건 쉽지 않았어요. 구름 생김새를 저마다 다르게 설명했으니까요. 루크는 구름을 갈래지어서 이름을 붙여야겠다고 생각했어요. 사실 그건 다른 과학자들이 이미 여러 번 해 보았지만 뜻을 이루지 못한 일이었어요. 짜임새를 갖추기가 어려웠던 거예요.

루크는 리나이우스라고도 불리는 스웨덴 식물학자 카를 폰 린네의 방법을 차근차근 살펴보았어요. 1735년, 리나이우스는 라틴 말을 써서 식물과 동물을 짜임새 있게 갈래짓는 방법을 만들어 냈지요. 루크도 구름을 갈래지을 길을 찾아냈어요.

1802년 협회 모임에서 루크는 '구름의 종류'라고 제목 붙인 글을 발표했어요. 이 글에서 루크는 구름 생김새를 크게 세 갈래로 나누고 라틴 말로 이름을 붙였어요.

- 권운 (라틴 말로 '고불거리는 털'이라는 뜻) — 털처럼 생긴 것이 나란히 늘어서 굽이치거나 퍼져 나가며, 사방팔방으로 펼쳐지는 구름.
- 적운 (라틴 말로 '덩어리'라는 뜻) — 평평한 밑바닥 위로 산처럼 무더기로 쌓이거나 덩어리가 진 구름.
- 층운 (라틴 말로 '켜'라는 뜻) — 넓게 펼쳐진 평평하고 얇은 구름층이 낮은 곳에서부터 위로 잇달아 이어지는 구름.

루크는 다른 네 종류의 구름도 설명했어요. 위의 세 갈래 구름이 서로 합쳐져서 나타나는 구름들이에요. 권적운, 권층운, 적층운(지금은 층적운으로 쓰여요.—감수자), 권적층운(권적층운이라는 이름은 지금 쓰이지 않고 있어요.—감수자)이 그것이지요. 아스케시안 협회 회원들은 루크의 발표를 들으며 가슴이 뭉클했어요. 드디어 구름에 이름을 붙일 길을 알아냈으니까요!

권운 밑에 살짝 펼쳐진 권적운. 루크 하워드가 1803년에서 1811년 사이에 그린 것으로 짐작하고 있어요.

산에 낀 층운. 루크 하워드가 1803년에서 1811년 사이에 그린 것으로 짐작하고 있어요.

루크는 알지 못하는 사람이었는데, 장 바티스트 라마르크라는 프랑스 사람이 있었어요. 루크와 똑같은 1802년, 라마르크가 먼저 구름에 이름을 붙일 또 다른 틀을 마련했지요. 라마르크는 구름이 여러 갈래로 나뉜다고 생각했어요. 그 갈래에 프랑스 말로 이름을 붙이기로 하고, 먼저 다섯 갈래부터 이름을 지었어요.

- 가리개 구름 – 가리개로 가린 듯 흐린 구름
- 더미 구름 – 덩어리를 이루고 있는 구름
- 얼룩 구름 – 얼룩덜룩해 보이는 구름
- 비질 구름 – 빗자루로 쓴 듯한 구름
- 떼 구름 – 떼를 지어 있는 구름

처음에는 누구의 방법이 더 좋은지 의견이 갈렸어요. 구름 이름을 짓기에 가장 어울리는 말이 라틴 말일까요, 프랑스 말일까요, 아니면 영어일까요?

라틴 말은 기원전 31년쯤부터 로마 제국에서 500년 넘게 쓰인 말이었어요. 로마는 널리 힘을 뻗어 나갔기 때문에 유럽의 다른 말들도 대부분 라틴 말에서 비롯되었어요. 그래서 과학자들은 사람들이 프랑스 말보다 라틴 말 이름을 더 잘 알아들을 거라고 주장했지요. 게다가 리나이우스도 앞서 동물과 식물의 갈래에 라틴 말로 이름을 붙여 놓았으니까요.

1803년, 루크의 글이 철학 잡지에 실렸어요. 많은 과학자들이 읽는 인기 잡지였어요. 얼마 지나지 않아서 루크가 지은 구름 이름이 라마르크의 구름 이름보다 널리 알려졌어요.

라틴 말	이탈리아 말	스페인 말	프랑스 말	영어	우리말
누베스 nubes	누볼라 nùvola	누베 nube	뉴아주 nuage	클라우드 cloud	구름
네불라 nebula	네비야 nébbia	니에블라 niebla	브후야흐 brouillard	포그 fog	안개
솔 sol	솔레 sole	솔 sol	솔레이 soleil	선 sun	해
토니트루스 tonitrus	투오노 tuòno	트루에노 trueno	토네흐 tonnerre	선더 thunder	천둥
벤투스 ventus	벤토 vénto	비엔토 viento	방 vent	윈드 wind	바람

나의 날씨 일기

3월 21일, 오전 9:47

기온: 16.7°C 또는 62°F

오늘의 날씨: 세찬 바람

바람은 움직이는 공기이다. 그렇다면…… 바람은 어떻게 생길까?

1. 해가 땅을 데운다.
2. 땅이 공기를 데우고, 공기가 가벼워진다.
3. 가볍고 따뜻한 공기가 떠오른다.
4. 하늘 높이 올라간 공기는 주변 지역으로 흩어진다.
5. 따뜻한 공기가 떠올라 생긴 빈자리를 주위 공기가 몰려와 메운다.

바람은 흔히 고기압 지역에서 저기압 지역으로 분다.

구름은 왜 바람을 생일잔치에 한 번도 초대하지 않았을까요?
생일 케이크의 촛불을 바람이 꺼 버리니까요.

루크의 글은 책으로 다듬어져 책 가게에서 팔렸어요. 루크가 틀을 마련한 구름의 갈래와 이름은 1800년대 초에 《미국 대백과사전》에 실렸어요.

　하지만 과학자들은 루크의 방법을 놓고 토론을 이어 갔어요. 구름은 정말로 루크가 말한 일곱 갈래뿐일까? 루크는 자기가 만든 구름의 갈래를 바꾸지 않았어요. 하지만 세월이 흐르면서 다른 사람들이 구름의 갈래를 더 다듬었어요.

1896년, 중요한 날씨 회의가 파리에서 열렸어요. 거기 모인 과학자들은 구름을 열 갈래로 나누었어요. 구름의 생김새와 떠 있는 높이에 따라서 이름을 붙였지요. 루크가 나눈 구름 갈래 가운데 다섯 가지가 새로운 갈래에 그대로 쓰였어요. 나머지 다섯 갈래도 루크가 붙인 이름을 합치거나 바꾼 거였어요.

　오늘날 구름과 날씨 분야에서 으뜸가는 기구는 세계기상기구(WMO)예요. UN의 한 갈래로 스위스에 본부가 있어요. 세계기상기구는 이 열 가지 구름 이름을 쓰고 있어요. 열 가지 구름은 오른쪽에 보이는 것과 같아요.

권운, 권적운, 권층운

하늘 높이 뜨는 구름이에요.

이 구름들은 보통 높이 6~13킬로미터에 생기는데, 그곳의 공기는 매우 차가워요.

그래서 구름들이 대부분 얼음 결정으로 이루어져 있어요.

권운(털구름) 우리에게는 새털구름이라는 이름으로 익숙한 구름이에요. 매우 높이 뜨고, 가늘고 성긴 모양이에요. 가는 실낱이나 머리털, 좁은 띠처럼 생겨서 말꼬리 구름, 털 뭉치 구름, 새 깃털 구름 등 별명이 많아요.

말꼬리 구름!

권적운(털쌘구름) 하늘에 파도나 잔물결이 인 것처럼, 희고 작은 구름 덩이가 촘촘하게 흩어져 나타나는 구름이에요. 권적운은 얇은 구름이라, 그 너머로 반투명 유리로 하늘을 보듯 해나 달의 위치가 볼 수도 있어요. 규칙적으로 배열된 모양 때문에 비늘구름, 조개구름이라는 별명을 얻었어요.

권층운(털층구름) 온 하늘을 뒤덮은 얇은 구름이에요. 권층운의 작은 얼음 결정에 빛이 반사되거나 휘어서 꺾이면 햇무리나 달무리가 일어나요. 권층운은 면사포구름, 햇무리구름이라는 별명이 있어요.

고적운, 고층운, 난층운

보통 2~6킬로미터 높이의, 하늘 중간 높이에 뜨는 구름이에요.

이 구름들은 비나 눈을 잘 내려요.

고적운(높쌘구름) 크고 둥글둥글하게 덩어리진 구름으로, 마치 솜뭉치가 모여 있는 듯 보풀보풀해요. 권적운보다는 구름 하나의 덩어리가 더 큰 편이에요. 색깔은 흰색이나 옅은 회색인데, 그림자가 생겨서 입체감 있게 보여요. 양떼구름이라는 별명으로 우리에게 익숙해요.

고층운(높층구름) 층을 이루어 하늘을 덮는 구름이에요. 잿빛 또는 푸른색을 띠고 있는데, 회색 가리개로 하늘을 덮은 듯 햇빛이 희미하게 비치는 구름이에요. 그래서 회색 차일 구름이라는 별명도 얻었어요. 두꺼운 고층운은 비나 눈을 내리기도 해요.

여긴 저기압이군.

난층운(비층구름) 짙고 검으며 무거워 보이는 구름으로, 해를 가려요. 보통 하늘의 중간 높이에 있지만, 수직으로 발달하는 구름이라서 하늘의 낮은 곳에서부터 중간 부분까지 걸쳐 생기기도 해요. 기압이 낮은 곳에서 자주 볼 수 있고, 비나 눈을 많이 내려요.

층적운, 층운, 적운

하늘의 낮은 곳에 생기는 구름이에요.

보통 높이 2킬로미터 아래에 생기고, 대부분 물방울로 이루어져 있어요.

층적운(층쌘구름) 두꺼운 덩어리로 된 구름이 층을 이룬 모양으로 줄지어 있어요. 구름 덩어리는 둥그스름할 때도 있고, 얇은 판이 말린 듯 평평할 때도 있어요. 회색의 큰 덩어리가 둘둘 말린 모양일 때를 빗대어 두루마리구름이라고도 불려요.

지금 하늘엔 어떤 구름이 보이니?

층운(층구름) 안개처럼 땅 위에 가까이 구름 층을 이뤄요. 얇은 담요가 하늘을 덮은 듯이 생기는 구름이에요. 작은 물방울들로 이루어져 있고, 이슬비가 되어 내릴 때도 있어요. 아침의 평야 지대나 비가 오는 산에서 자주 볼 수 있는데, 대부분 금방 흩어져 사라지곤 해요. 안개구름이라는 별명이 있어요.

적운(쌘구름) 파란 하늘에 흰색으로 뭉게뭉게 피어서 구름의 위는 브로콜리나 팝콘처럼 부풀고 밑은 그보다 평평해 보이는 구름이에요. 우리에겐 뭉게구름이라는 이름으로 익숙해요. 또 다른 별명으로 산봉우리구름이라고도 하지요. 하늘의 낮은 곳에서 생기긴 하지만, 위쪽으로 뻗어 나가 하늘의 높은 곳까지 닿기도 해요.

적란운

하늘의 낮은 곳에서부터 하늘 높은 곳까지 솟은 구름이에요.
아래 사진을 보면, 구름이 하늘의 아래쪽부터 높이까지
수직으로 이어진 걸 볼 수 있지요.

적란운(쌘비구름) 엄청 큰 구름이에요. 수직으로 솟아 있어서 커다란 산처럼 보여요. 물방울과 얼음 결정으로 이루어져 있는 적란운이 보이면 우박, 소나기, 천둥이 생길 수도 있어요. 다른 이름으로 소나기구름, 소낙비구름이라고도 해요.

이런 열 가지 구름을 기본으로 해서 새로운 이름이 만들어지기도 해요. 예를 들어 높쌘구름에는 탑구름, 송이구름, 렌즈구름 등 다양한 구름이 있지요.

나의 날씨 일기

4월 16일, 오전 10:15

기온: 23.9°C 또는 75°F

오늘은 구름 생김새가 쉬지 않고 바뀌고 있다.
구름 안팎의 공기가 멈출 새도 없이 움직이기 때문이다.
층운(층구름)은 며칠이 지나도록 그대로이기도 한데,
적운(쌘구름)은 한 시간도 안 되어서 생김새가 바뀐다.
10분 만에 사라지는 구름도 있다!
기상학자는 구름이 움직이는 모습을 보고 날씨를 짐작할 수 있다.
구름 높이와 움직임을 재는 기구와 위성 사진은 바람이 지나는 길을
알아내는 데에 도움을 준다. 하지만 구름은 짐작대로만 움직이지 않는다.
그래서 날씨를 정확히 알아낸다는 건 아직도 어려운 일이다.

하늘이 해의 부모라는 걸 어떻게 알 수 있을까요?
하늘은 언제나 해를 안아 주니까요.

나의 날씨 일기

5월 18일, 오전 9:18

기온: 20.6°C 또는 69°F

오늘의 날씨: 적란운(쌘비구름), 천둥과 비

천 년 전쯤에 바이킹 민족이 스칸디나비아에 살았다.
그 사람들은 토르라는 신이 하늘에 큰 망치를 내리쳐서
천둥소리를 낸다고 믿었다.
하지만 사실 천둥소리를 내는 건 번개이다. 번개는 공기와 습기가
구름 속에서 떠돌다가 만들어 내는 어마어마하게 큰 전기 불꽃이다.
번갯불이 먼저 빛난 뒤에 천둥소리가 들린다.
둘은 같이 만들어지지만 빛이 소리보다 빠르게 움직이기 때문이다.

하늘에 정말 천둥소리를 내는 토르 신이 있을까?

번개는 얼마나 멀리 떨어져 있을까?

1. 번갯불이 빗난 뒤에 1초씩 세어 간다.
2. 천둥소리가 들리면 셈을 멈춘다.
3. 소리의 속도가 340m/s이므로, 셈한 초에 340을 곱한다.
   곱해서 나온 값이 번개가 친 곳까지의 미터 수이다.
4. 예를 들어, 번개가 치고 3초 뒤에 천둥소리를 들었다면
   번개 친 곳까지의 거리는 약 1000m, 즉 1km이다.

오늘 밤엔 천둥 번개가 칠 것 같아...

루크 하워드가 플레이스토에서 기온을 기록한 것이 책에 담겨 세상에 나왔어요. 루크가 쓴 책의 제목은 《런던의 기후》였어요.

MONTHLY MEAN TEMPERATURE IN LONDON for ten Years, from 1797 to 1806. [Table A. Temp.]

Year.	First Mo. Jan.	Sec. Mo. Feb.	Third Mo. Mar.	Four. Mo. April	Fifth Mo. May	Sixth Mo. June	Sev. Mo. July.	Eight. Mo. Aug.	Nin. Mo. Sept.	Ten. Mo. Oct.	Elev. Mo. Nov.	Twel. Mo. Dec.
1797	37·32	37·33	39·85	47·41	53·96	57·56	65·48	61·80	56·95	48·95	43·39	42·66
1798	39·62	39·94	42·96	51·60	56·51	64·00	63·86	65·62	58·89	52·17	41·61	35·19
1799	35·09	38·21	39·33	44·06	52·41	58·04	62·32	60·49	56·45	49·67	44·68	34·30
1800	38·67	35·99	39·41	50·99	57·02	57·98	65·58	66·41	60·08	50·04	44·06	40·03
1801	41·05	40·39	46·07	47·64	55·30	60·85	63·01	65·36	61·11	52·72	41·96	37·49
1802	34·62	40·83	43·15	50·98	52·15	59·58	59·14	67·56	60·23	52·48	42·38	39·30
1803	35·27	38·27	44·38	50·41	53·01	59·05	66·28	64·57	55·14	51·07	43·70	42·78
1804	44·98	38·94	43·23	46·29	59·59	63·46	62·80	63·19	61·75	53·46	45·23	37·14
1805	36·17	40·67	44·01	47·98	52·43	57·70	62·09	64·99	61·71	49·59	41·76	40·75
1806	42·45	43·44	42·73	45·70	57·77	62·50	63·96	64·51	59·49	53·19	49·13	48·75
Greatest variation of the Mean	10·36	7·45	6·74	7·54	7·44	6·44	7·14	7·07	6·61	4·51	7·52	14·45

MONTHLY MEAN TEMPERATURE IN THE COUNTRY for Ten years, 1807 to 1816.

1807	34·14	38·37	36·14	46·00	56·78	58·91	64·72	65·27	53·08	53·06	37·54	36·39
1808	35·99	35·91	37·19	43·05	59·91	59·08	67·19	63·51	56·41	47·27	44·13	34·96
1809	36·42	44·92	43·64	43·21	57·01	58·75	61·14	61·49	57·46	50·47	39·63	40·41
1810	35·06	39·42	43·19	48·09	50·98	60·21	61·25	61·62	59·06	51·01	44·34	39·85
1811	32·64	42·08	45·99	51·69	61·10	61·58	61·84	59·33	57·83	56·04	45·40	38·75
1812	36·88	42·37	40·75	43·85	54·75	55·78	58·79	57·83	55·45	49·41	41·53	35·51
1813	34·84	43·67	43·96	48·36	56·72	58·64	63·50	61·33	57·69	48·67	41·33	38·43
1814	26·71	33·17	37·82	50·84	50·56	55·99	64·75	62·17	55·68	46·86	39·85	40·20
1815	32·77	44·48	47·22	48·56	58·72	60·11	61·09	61·94	55·38	49·70	38·34	36·25
1816	36·13	33·39	39·24	45·21	51·30	57·54	59·74	59·00	54·21	49·95	37·26	35·89
Greatest variation of the Mean	10·17	11·75	11·08	8·64	10·54	5·80	8·40	7·44	5·98	9·18	8·14	5·45

루크는 할아버지가 될 때까지 쉬지 않고 날씨를 관찰했지만 그건 좋아서 하는 일일 뿐이었어요. 루크의 직업은 약사였지요. 1807년에는 영국 스트랫퍼드에 '루크 하워드 사'라는 이름으로 큰 약국이자 실험실을 열었어요.

　구름에 이름을 붙였다는 소식이 알려지면서 과학자들이 루크에게 날씨 이야기를 들려 달라고 부탁해 왔어요. 루크의 날씨 기록은 1818년에 두 권의 책으로 세상에 나왔어요. 책 제목은 《런던의 기후》였어요. 1837년에는 기상학을 다룬 책 《일곱 가지 기후 이야기》를 책으로 펴냈어요.

　루크를 칭찬하고 우러러보는 이들이 많았지만, 루크는 언제까지나 착한 퀘이커 신도로서 겸손했어요.

루크는 아내 마리아벨라와 늙도록 아끼며 살았고 여덟 명의 자식을 낳아 잘 돌보았어요. 아들 가운데 둘은 어른이 되어 루크의 약국에서 일했어요. 루크의 누이 엘리자베스는 할아버지가 된 루크 옆에 "아이들과 손자 손녀들이 늘 떠나지 않았다."라고 해요.

나이가 아주 많아졌을 때에도 루크는 하늘을 즐겨 바라보았어요. 루크는 1864년 3월 21일, 아흔한 살의 나이에 숨을 거두었어요. 루크와 루크가 지은 구름 이름이 세상에 널리 알려졌을 때였어요.

놀라운 날씨 이야기

- 프랑스는 1833년에 몹시 이상한 일을 겪었다.
비바람이 몰아칠 때 하늘에서 개구리들이 떨어졌다!
개구리들은 호수나 강에서 물기둥이 소용돌이치며 솟을 때
휩쓸렸다가 땅으로 떨어진 것이다.
비바람이 심할 때 하늘에서 뱀과 물고기가 우수수 떨어진 곳도 있다고 한다.

- 하와이 카우아이 섬은 한 해에 350일이나 비가 내린다.

- 인도 모신람은 세계에서 비가 가장 많이 내리는 곳이다.
한 해에 1186센티미터나 내린다니!

- 기온을 기록한 뒤로 지금껏 가장 낮은 기온은 1983년 7월 21일,
남극 보스토크의 -89.2℃ 또는 -128.6°F였다.

- 1887년 1월 28일, 몬태나 주 포트키오에 너비가 38센티미터나 되는 눈송이가 떨어졌다. 눈송이가 접시 보다 크다니!

- 1998~1999년 한 해 동안 워싱턴 주 베이커 산에 어마어마한 눈이 내렸다. 무려 29미터란다!

- 태풍이 아니면서 가장 빠른 바람의 최고 속도는 시속 372킬로미터로 기록되었다. 1934년 4월 12일, 뉴햄프셔 워싱턴 산에 불어 닥친 바람이다.

- 북극에서는 한 해에 176일 동안 해가 뜨지 않고 남극에서는 182일 동안 뜨지 않는다.

우리 동네가 날이 맑아서 참 다행이다. 축구하러 가야지!

참고자료

Allaby, Michael. How the Weather Works. New York: The Reader's Digest Association, Inc./ London: Dorling Kindersley Ltd., 1995.
DeMillo, Rob. How Weather Works. Emeryville, California: Ziff-Davis Press, 1994.
DePaola, Tomie. The Cloud Book. New York: Holiday House, 1975.
Galiano, Dean. Clouds, Rain, and Snow. New York: The Rosen Publishing Group, 2000.
Hamblyn, Richard. The Invention of Clouds. New York: Farrar, Straus and Giroux, 2001.
Harper, Suzanne. Clouds: From Mare's Tails to Thunderheads. New York: Franklin Watts, 1997.
Howard, Elizabeth. "Fragments of Family History," 1862. (http:www.lordsmeade.freeserve.co.uk/background.htm.)
Howard, Elizabeth, "Personal Memoranda," 1862. (http:www.lordsmeade.freeserve.co.uk/background.htm.)
Howard, Luke. The Climate of London: Deduced from Meteorological Observations, Made in the Metropolis and at Various Places around It. 2nd ed., 3 vol. London: Harvey and Darton, 1833.
Howard, Luke. Essay on the Modifications of Clouds. 1803. Reprint, with The Language of the Clouds by Ernst Lehrs. Fair Oaks, California: Rudolf Steiner College Press/ St. George Publications, 1987.
Jackson, Donald Dale. The Aeronauts. Alexandria, Virginia: Time-Life Books, 1980.
Marion, Fulgence. Wonderful Balloon Ascents. France: 1870. Translated by Jim Henderson. Project Gutenberg Literary Archive Foundation, © 2003-2006.
Perry, Phyllis J. Ballooning. New York: Franklin Watts, 1996.
Staub, Frank. The Kids' Book of Clouds & Sky. New York: Sterling Publishing Co., 2003.
Stephens, Graeme L. "The Useful Pursuit of Shadows." American Scientist 91 (September-October 2003): 442-49.
Website: http://www.cloudman.com/luke/luke_howard.htmw